Hans Claßen – Mathias Knoll – Hartmut Lübbe

Landschaft
Lyrik
Literatur

Books on Demand GmbH
Hamburg 2000

Impressum:
ISBN 3-8311-0491-3
Herstellung: Books on Demand GmbH
Alle Rechte beim Autor
Umschlag: Hartmut Lübbe

Inhaltsverzeichnis:

An Stelle eines Vorwortes

Ein besonderes Merkmal der Gattung Mensch ist die Sprache und die Fähigkeit, sich ein Bild zu machen von seiner Welt. Gleichzeitig im Bewußtsein zu leben, eine Vergangenheit hinter sich zu haben. Und vor sich eine ungewisse Zukunft. Wie glücklich könnte der Mensch sein, wenn er von Sprache nicht wüßte?
Und doch: „Am Anfang war das Wort ...“ sagt das Johannesevangelium.
Jeder erfindet früher oder später eine Geschichte, die er für sein Leben hält. Man sammelt Erfahrungen wie Bilder und sucht die Geschichte dazu. Wort und Bild schließen sich also nicht aus wie der Metzger und der Vegetarier .
Einerseits wissen, dass schon über Alles geschrieben worden ist und doch - man müßte die Welt grundlegend verändern, wenn man sich beim Schreiben nach Innovation sehnt .Ähnlich einem Forscher, der sich dem Leben entzieht, um das Leben nur noch durch das Okular zu betrachtet, während er seine neuen Gesichtspunkte fotografisch bannt. Warum also nicht das Wort verläßlich einbinden - vielleicht um Gebrauchsanweisungen für Fax und Computer zu verfassen - um nicht mehr länger schreiben zu müssen?
Die Welt erwartet voneinander Konformität. Auch wenn tausendfach behauptet wird: „Ich denke ...“ Wer nicht kompatibel ist wie der Computer, wird nicht ernst genommen. Sie müssen sich nur wohl fühlen in den Kulissen ihres Alltages, weil sie keinen Grund haben, sich nicht wohl zu fühlen. Im Gegenteil - in der Wiederholung der Wiederholung hoffen sie das Andersartige zu entdecken, ohne sich selbst verändern zu müssen. Man sehnt sich nach einem Leben, das gleichsam bei sich selbst ist und trotzdem suggerieren die Bilder - das bessere Leben ist immer woanders. Das Leben bleibt merkwürdig in der Schwebe. So ,als käme man aus dem Kino, um zu wissen wie das Leben spielt. Gleichzeitig das kindliche Gefühl, irgendwie ausgeschlossen zu sein. Aber trotzdem die Hoffnung, dass wir in einem dechiffrierten Weltplan nicht beliebig austauschbares Material sind. Und schon vermessen wir das eigene Leben bis auf Prozente genau, um die Höhepunkte zu fixieren und die Niederlagen, während ein Ensemble falscher Götter wortlos den

Daumen hebt oder senkt.

Warum soll man in einer Zeit, in der es immer „weiter gehen muß," nicht die Geduld aufbringen stehen zu bleiben? Mit Worten die Zeit einfangen wie eine Raupe, die aus dem Maulbeerblatt Seide spinnt. Der Blick für die letzten Dinge - Liebe und Tod, Sommer und Winter. Und trotzdem von der Erfahrung schreiben, von der Angst, die tausend Bilder hervorruft. Eine Überlebensstrategie für den Alltag. Wie im Märchen vom gestiefelten Kater, der den Zauberer in eine Maus verwandelt, um sie anschließend fressen zu können. Wenn man sich nicht erinnert, kann man sich auch nicht daran erinnern, was man vergessen hat. So, als wäre man in einem Labyrinth geboren. Warum soll man einen Ausgang suchen, wenn man keinen vermißt?

Dort, wo man nicht träumt, herrscht eine andere Art der Verzweiflung. Aber eine hohe Veränderungsgeschwindigkeit treibt die Menschheit immer weiter auseinander und schafft tiefschneidende Deformationen. Immer auf der Suche nach dem neuen Menschen, der uns versprochen wird. Aber warum sollen wir uns nicht mit Worten und meditativen Fotografien darum bemühen, dass der Mensch so bleibt, wie er ist - nur anders? Deswegen haben wir unsere Worte eingerahmt wie eine Koppel. Denn den Menschen hat eine ansteckende Krankheit befallen, deren resistenter Virus zur Familie der Information gehört .

Novalis

(Zum 200. Todestag am 25. März 2001)

Am Wege der Nacht,
   Todesromantisch,
      Die Sage:

Lichtblauer Blume
   Alraune, verwurzelt
      Im Fels,

Bräche die Burgen,
   Schlösse des Friedens
      Geheimgänge auf.

Blaue Blume

Wenn nicht mehr Zahlen
   Vor des Reisewegs
      Zielstation

Und Figuren
   Über der Zugvögel
      Himmelsflug

Sind Schlüssel
   Zu des Zauberlands
      Märchenschloß -

Öst-westlicher „Divan"

Vom Marmorquell dämmerbenetzt,
  Schwimmt die Lotosblume.
    Duft von Jasmin

Strömt unter Zypressen
  Wartender Gärten.
    Still der Palast.

Spielt die Gitarre? Singt Suleika?
  Goethe verschwimmt
    Auf dem Bucheinband.

Liebesnacht

Am Firmament, sekundenhell,
  Streift die Sternschnuppenspur
    Liebesnachtatmosphäre.

Venus glitzert im Wassermann
  Durch die Isolierverglasung
    In den Wintergarten.

"Schau mir in die Augen, Kleines!"
  Casablancakult keimt
    Aus dem Spätprogramm.

Nachmittag eines Faun

(Claude Debussy)

Horizontweit segelweißes Meer,
   Yachtenzauber schimmern
      Auf Smaragd.

Prélude à l'après-midi d'un faune
   Korall'ner Klippen Aufdrift
      Perlenflöten,

Die in Strudeln Töne spielen,
   Tragen Tiefenwiderhall
      Aufs Meer...

Le bateau ivre

(Arthur Rimbaud)

In des Arélats schillerndem Sommer
   Badet der südliche Tag.
      Lüfte in Silber –

Der Camargue flimmernde Weiden
   Mit sirrenden Gräben!
      Wind flaut im Schilf

Vor Abend, das Meer
   Gerötet -
      Ein trunkenes Schiff.

Ein Denkmal für den Deserteur

Natürlich weiß jedes Militär, daß der Mensch von Natur aus kaum zum Helden taugt. Im Gegenteil. Er versucht viel eher sein Heil in der Flucht zu finden. Wenn man ihn nur ließe. Besteht nicht eigentlich die Geschichtsschreibung darin subtil zu zeigen wie auf raffinierteste Weise der Fluchtinstinkt des Menschen unterbunden wird, wenn auch von den Auswirkungen des Zerstörungstriebes die Rede ist? Die Soldaten müssen vor allem daran gehindert werden wegzulaufen. Aus diesem Grund werden sie dressiert wie Zirkuspferde. Mit der Hoffnung auf Beute werden sie gelockt. Mit Alkohol betäubt. Man bedroht die Soldaten mit dem Tod und putscht das Image des klugen, tapferen Führers auf, der doch nur "seine Jungs liebt." Vom Heldenkult ist es nur ein kurzer Weg zur Verblödung, dachte Krügen Schon seit Jahrhunderten existiert ein moralisches Fluchtverbot. Desertation- der größte militärische Sündenfall. Ein Verbrechen, das mit dem Standgericht geahndet wird. Desertieren kann man nur von dem Feind verlangen, da für ihn die militärische Lage ohnehin aussichtslos geworden ist. Also soll er doch endlich Vernunft annehmen. Ich fordere, daß endlich ein Denkmal für den unbekannten Deserteur aufgestellt wird, dachte Krüger. Ein Standbild, dessen Reproduktion in jedes Schulbuch gehört. Natürlich würden sich bei der Darstellung einer derartigen Figur zahlreiche Probleme einstellen. Eine Aufgabe, die er sich reizvoll vorstellte. Es wäre an eine Statue zu denken mit entschlossenem Charakterausdruck. Kein Hasenfuß mit verhuschten Zügen. Denn die Pose dieser Figur soll zur Identifikation animieren. Vielleicht sollte diese Figur gerade die Pharisäermaske der Selbstgerechtigkeit abreißen. Diesen stereotypen Blick der Selbstopferung, die an den Ruhm denkt bei nachfolgender Götterdämmerung. Gleichzeitig legt sie auch den Militärrock ab, die Uniformität, die zum kollektiven Wahnsinn verführt. Sicher wäre der Ausdruck der Verweigerung, das Wissen um die Tugend des Ungehorsams am schwierigsten zu treffen. Als Standort könnte man sich den Marktplatz vor dem Rathaus vorstellen. Wenn dieser Deserteur es auch noch verstünde Humor auszustrahlen, einen Humor, der Sicherheit vermittelt, weil sich sein Standpunkt nicht mehr an einen engen, nationalen Horizont gebunden fühlt, an die nationalen Komplexe und Neurosen, an die Lächerlichkeit im Pathos, dann wäre es auch noch ein gelungenes Kunstwerk. Das menschlichste Standbild, das ich mir vorstellen kann, dachte Krügen Nicht immer nur die falsche Träne für den unbekannten Soldaten. Diesen tumben Jüngling mit dem Muskelarm und dem träumenden Vaterlandsblick in die Zukunft gewandt. Ein entschlossener Zug um die Mundwinkel, als memoriere er nationale Psalme. Ein Symbol für das anonyme Sterben der Masse. Vorbei auch die Bewunderung für den bekannten General, der auf seinem Sockel über den Niederungen des Alltags schwebt. Ihm müßte seine Ordensflut schwer wie Blei, wie ein Mühlstein am Hals hängen, wenn er daran denkt, daß er bei seinen Untergebenen, dem Kanonenfutter, die Angst vor einem "schändlichen Tod" - was immer er auch darunter verstand - schürte. Er trieb sie also entschlossen in den Selbstmord, während sein Blick in der Vergangenheit ruht, die er für die Zukunft hielt. Im Vertrauen darauf, daß die zunehmende historische Distanz ihm die Absolution erteilen wird. Zumal sein Denkmal den Enkeln glaubhaft machen soll, daß er für den Frieden gekämpft hat. Derartige Denkmäler erinnern immer nur an die Vergangenheit, obwohl sie doch vor der Zukunft warnen sollen.

Ausschnitt: Ein Denkmal für den Deserteur - Eine Reise.

16

Vor einem Gewitter

Als ich, im Garten schlummernd, Frieden träumte,
Erwacht' ich ob der Blätter jähem Rauschen.
Der lila Mohn, der Wiesen lind umsäumte,
Erzählte in erwartungsloses Lauschen.

Und alles regte sich wie in Geflüster.
Aus Wolken hoch, als zögen hehre Küster,
Die am Himmel Hift und Hörner bliesen,
Scholl's in wüsten Wirbeln um die Wiesen.

Ich schrak. Es hieß: Gewitter! was sie riefen,
Als wüßten sie gequält kein and'res Wort.
Ihr Schauern schrie aus dumpfer Äther Tiefen
Und riß mir unverseh'ns das Herz hinfort.

Noch ferne war das Feuermeer. Es fegte
In graus'ger Wut wohl andernorts vorbei.
Mir aber bangte, da ich überlegte,
Daß einmal überall Gewitter sei...

Ungewisses Idyll

Der Weg am Waldrand führt durch Furt und Senke,
Hangweiden steigen hüg'lig aus dem Tal.
Ein Reh neigt sich am Bach zur Wassertränke.
Der Wind weht wie ein sanftes Material.

Am Weg dämpft Buschwerk nahe Wanderschritte.
Der Anfer schwankt am Bach; Hirschkäfer lauscht.
Es kräuseln sich im Wasserlaufe Tritte
Zum Plätscherklang, den sonst der Bach nicht rauscht.

Gewarnt horcht auf das Reh - und wittert Wälder.
Es flieht und springt zum nahen Wiesenpfad.
Am Bache wirkt das Wasserrauschen kälter,
Während durch die Furt der Wandrer naht.

Da steht im Sprung das Reh und läßt sich sehnen,
Und prüfend schweift sein Äugen um das Tal
Als scheue es im fernen Rückwärtswähnen
Zum Bach den nahen Wald wie ein Fanal...

Leben in einem andalusischen Bergdorf

Casares ist ein typisch andalusisches Bergdorf in der Sierra Bermeja. Ein kleines Dorf, zu dem eine staubige Straße über endlose Kurven führt. Weiße, ineinander geschachtelte Kuben haben sich in den karstigen Berg verkrallt. Wie kletternde Bergziegen, die hartnäckig ihr Futter suchen. Im hochaufragenden Felsgestein über dem Dorf, die Ruinen einer arabischen Festung.

Kopfsteinpflaster schleicht wie eine Krake durch das Dorf. Der Flaneur schlendert absichtslos durch die Gassen ohne architektonische oder technische Wunder zu erwarten. Eine Form glücklich zu sein.

In dieses Bergdorf könnte man sich verbannen lassen. Ein idealer Ort unterzutauchen. Gassen münden auf einen kleinen, anmutenden Platz. Nachts herrscht hier eine unbeschreibliche Stille. Das matte Licht der Laterne wirft einen samtartigen Schatten, als würde eine Bühne beleuchtet. Schlagschatten setzen Akzente, als müßten die Häuser neu vermessen werden. So, als seien sie höchstpenibel ausgegraben worden und doch von der Welt vergessen. Nicht einmal die Uhr des Kirchturmes kann sich für eine Tageszeit entscheiden. Der abgebrochene Uhrzeiger blieb einsam zurück. Wann das letzte Stündchen geschlagen hat, das weiß hier keiner mehr. Als wäre sich das Dorf einig in seinem lautlosen Protest, der sich dem Nützlichkeitsdenken entzieht. Souverän ignorieren, anders zu sein. So, als habe sie eine heimliche Melancholie befallen. Müdes Mauerwerk, liebevoll, aber dennoch nachlässig gekalkt, zeigt Sprünge, Risse und Flechten. Wie ein altes, abgearbeitetes Gesicht. Hier hat die Gegenwart schon vor einem Menschenleben begonnen. Der Putz der Hausmauer, auf die das Kind den Ball prellt, blättert ab. Morgen wird sich das Dorf noch mühsamer gegen den Verfall wehren. Die Feuchtigkeit zerfrißt lautlos die Wände, das Dach. Auf der winzigen Dachterrasse eine kleine Zisterne.

Irgendwo in der Provinzhauptstadt wird ein Beamter diesen Ort aus seinen Akten tilgen, ihn an seinem Schreibtisch auslöschen. Und doch, die Wäsche auf der Leine wiegt sich im Wind, als sei für das Dorffest geflaggt.

Auf dem Dorfplatz wird der Lastwagen mit den roten Butanflaschen entladen. Seilchenhüpfende Kinder. Ein Schwarm dunkelhaariger Bengel in kurzen Hosen balgen sich wie junge Hunde um den Ball.

Frauen sitzen, stehen in der Eingangstür. Sie schälen Kartoffeln und weben flüsternd Intrigen. Ein kleines Mädchen schickt versonnen eine Seifenblase auf die kurze Reise durch die Gasse. Frauen mit strohgeflochtenen Einkaufstaschen wechseln den schmalen Bürgersteig, treten aus dem kühlen Schatten auf die Sonnenseite der Gasse. Wind fängt sich in ihren Röcken, die sie mit der Hand raffen, als streichen sie die Segel. In Hinterhöfe von schmiedeeisernen Fenstergittern bewacht, locken ausgetretene Treppenstufen. Üppige Geranien quellen von den Fensterbänken. Großblättrige Platanenpflanzen verleihen selbst den ausgebeulten, weiß angestrichenen Blechkanistern, aus denen sie hervorschießen, einen malerischen Reiz. Drei kleine Kinder plätschern im Brunnen. Achtlos haben sie ihre Schuhe und Strümpfe abgestreift und bespritzen sich lautquietschend mit Wasser.

Der Polizeiposten sitzt in tadellos gebügelter Uniform wie ein Schalterbeamter hinter seinem Heftchenroman. Gegenüber von der kleinen Polizeistation befindet sich der Dorfkiosk. Ein Blechcontainer, nicht einmal ein Ausschank. Ein knappes Dutzend Weckgläser mit Bonbons, Zuckerstangen sorgen für eine Art Existenz. Eine alte, schwarz gekleidete Frau hat sich tief ins Fenster des Büdchens gebeugt. Wie eine Schwerhörige, die das Ohr des Gesprächspartners sucht, der im Dunkeln des Containers verborgen bleibt.

Vor dem kleinen Lebensmittelladen mit dem klickenden Perlenvorhang picken gelassen Hühner in einer spärlichen Grasnarbe. Auf der gegenüberliegenden Seite der Gasse stellt der Fleischer einen wakkeligen Baststuhl vor seinen Laden. Rittlings setzt er sich auf den Stuhl und stützt beide Arme auf die Lehne, als suche er Halt.

Irgendwo hinter dem Haus in den Fels geschlagene, höhlenartige Löcher. Mit Draht und Holz nachlässig ausstaffiert zum Hühnerstall. Zum Kaninchenstall. In dem verwinkelten Eingang des Nebenhauses mit dem Treppenabsatz hängen selbstgestrickte Kleidungsstücke. Der Hauch eines Windes streicht über die Veranda. Geruch von nasser Wäsche. Ein junges Mädchen hockt im Türrahmen und blättert in einem Magazin. Hinter ihr auf dem Vertiko steht das quäkende Radio. Die übrige Familie sitzt in einem abgedunkelten Verkaufsraum, der wie ein Wohnzimmer möbliert ist,

wenn auch Textilien angeboten werden. Man sieht fern. Ein kleines Mädchen bewegt sich tänzelnd zur Musik. Eine ältere Frau im Hauskittel versucht den Faden in die Nadel einzuführen. Der Großvater liegt mit schlaffem Mund in dem abgedeckten Sessel und schläft. In dem entspannten Körper ruht eine Gelassenheit, als brauche er kaum noch Kraft zum Leben.

Eine stille Gasse. Aber in dieser Art der Zurückgezogenheit liegt auch etwas wie ein kleines Glück. Ein Kreislauf von regelmäßig wiederkehrenden Gewohnheiten. Das kann beruhigen. Bedrohlich wird es erst, wenn morgens der Hahn nicht mehr kräht oder das Zirpen der Zikaden erstirbt.

Irgendwo auf einer ausgespülten Betontreppe lümmeln Jugendliche. Verwegen die Zigarette im Mundwinkel. In einer Hausnische bedrängt ein junger Soldat ein dralles Mädchen. Sie gurren im geheimen Einverständnis. Im Schatten eines Apfelsinenbaumes sitzt eine alte Frau. Ihr Gesicht ist zerklüftet wie ein Stein. Den quengelnden Enkel auf die Knie gepreßt, kann auch der monotone Tonfall der märchenerzählenden Oma nicht beruhigen. Über die verwitterte Bruchsteinmauer des Nachbargartens ragen die Zweige eines Feigenbaumes. Gassen kommen aus dem Nichts, enden im Nichts. Ein Gitter als Schutz vor dem Sprung in das abgrundtiefe Tal, in das sich die Bougainvillea wie ein Sturzbach ergießt.

Die Sonne verschwindet hinter dem Festungsgürtel, der das Dorf beherrscht. Die letzten Strahlen legen sich über das weiße Dorf wie eine verglimmende Glut. Tief unten im Tal legt sich das Flutlicht über den Fußballplatz. Wie farbige Insekten rennen die Spieler hin und her. Zu weit entfernt, um den Spielverlauf verfolgen zu können. Schwalben segeln im Tiefflug. Geradezu ausgelassen, als genössen sie die Kühle des Abends.

Verschossen das Rot der Ziegeldächer. Schuppenartig gedeckt. Ohne Symmetrie. Nicht eine gerade Linie, wenn auch die Menschen, die hier leben, geradeaus denken. Und doch zurückhaltende Menschen. Nicht eigentlich schweigsam, aber von einer Art Sprachlosigkeit, die sich erst dann löst, wenn man sich Jahre kennt oder zuviel getrunken hat.

Ein Dorf, in dem jedes Kind weiß, daß nur eine gute Schulleistung sie aus der Enge der Familie befreit. Die entscheidende Frage ist nur, wieweit einer zu denken wagt. Aus dem Blickwinkel des Heranwachsenden eine enge Lebensbühne, über die sich der Schatten der mächtigen Felsregionen schiebt. Als lebten sie auf einer Art Sonnenuhr.

Irgendwo plärrt ein Radio. Das dünne Glöckchen der kleinen, neuen Kirche mahnt zum Kirchgang. Durch das Gassenlabyrinth des Bergdorfes huschen ein paar Gläubige. Etwas verloren, aber zielstrebig. Wie auf der Flucht.

Welche Sünden haben sie zu beichten?

Hinter der weißgekalkten Friedhofsmauer, mit seinen Nischengräbern, schrecken zwei Tauben auf. Hektischer Flügelschlag trägt sie in die Luft. Nehmen sie die Seelen der Verstorbenen mit?

Über dem weiten Tal küssen sie sich im Sturzflug.

Siena - mittelalterliches Bühnenlabyrinth

Endlich kamen wir dem spindelförmigen Berg, auf dem Siena liegt, näher : Eine vertikal geschichtete Stadt mit dunklen Häusergassen, konzentrisch wie die Schuppen eines Tannenzapfens angeordnet. Eine hochaufragende Stadtmauer verwehrt dem architektonischen Nachwuchs, dem modernen Teil Sienas, den Zugang. Die Ringmauer bildet keinen rechten Widerspruch zur umgebenden Landschaft, die wie die steinerne Gesellschaftsordnung im Bewußtsein von Form und Maß, also von Gesetz und Ordnung angelegt wurde. Wir orientierten uns an der Stadtmauer, dem starren Wegweiser, um im entscheidenden Augenblick den Durchschlupf ins architektonische Mittelalter, dem Kern Sienas zu finden. Plötzlich verschlang uns der enge Rachen des Stadttores. Die weiße Strassenmarkierung ließ uns keine andere Wahl. Immer wieder geben die Gassen überraschend malerische Blickwinkel frei .Blumen in giftigen Farben über Balkonbalustraden .In heiterer Selbstverständlichkeit hängen Unterhosen und Röcke auf den von Haus zu Haus gespannten Wäscheleinen, die mit dem Prinzip des Flaschenzuges Leibwäsche zur allgemeinen Kenntnisnahme verhilft. Erleichtern menschliche Zeichen die Kontaktaufnahme ?

Wuchtige Durchfahrten öffnen sich zu tiefen Gewölben, die auf peinlich sauber gefegte Höfe mit abgedeckten Ziehbrunnen führen. Übersichtlich angelegte Klingelanlagen. Renovierte Hausflure mit Marmortreppen, sowie schwere, lasierte Haustüren entziehen sich dem Spiel der Kontraste - hier Belletage, dort Hinterhof, hier Verrottung, dort überstrahlendes Neonlicht - Kontraste, die wir mit dem Süden in Verbindung bringen. Die Steine der Gassen, Zwitter aus Straße und Bürgersteig, sind in unglaublicher Geduld zu Mustern gesetzt. Und dann plötzlich standen wir im Schatten von Romulus und Remus, die in erstarrter Lust an den Zitzen der Wölfen hingen. Elementares Bildungsgut schien ins Wanken geraten. Hatten wir uns mit der Mythologie so verhauen? War da nicht Rom ... ? Was hatten mitten in der Toskana die Kinder des Kriegsgottes Mars verloren ?

Hier wurde uns bewußt unter welchem Verlust an Selbstbewußtsein Siena schon vor Jahrhunderten gelitten haben muß. Nicht erst durch die endgültige Abfuhr, die es durch Florenz erleben musste. Denn mit großer Phantasie führte man Sienas Stadtgründung auf Senius zurück, einem Sohn des Remus, der hier seine Zuflucht vor der Verfolgung seines Onkels, dem Ahnherr Roms, gesucht haben soll. So hatte man geschickt die eigene Geschichte mit der Gründung Roms in Verbindung gebracht, um gleichzeitig Florenz, diesen neureichen Ahnenstamm totzuschweigen.

Wenn man sich in den mittelalterlichen Gassen zurechtfinden will, vertraut man am besten dem zielstrebigen Menschenstrom, vielleicht auch einer wissenschaftlich aussehenden Ameise, der man unauffällig durch den Termitenhügel nachkriecht. Denn in den spiralförmig gewundenen Gassen, die mal steil hinaufführen, als ob man die Himmelsleiter erklimmen müßte oder sich in die Tiefe winden wie zum Abstieg in den Brunnenschacht, kann man verloren gehen wie die berühmte Heunadel.

Die vergilbten Farben der Hauswände, die Rosttöne scheinen in Siena ihren eigenen Zustand zu bedauern. Aus Toreinfahrten schossen. Vespas und der Fiat hervor wie Wildkatzen, die ihrem Käfig entsprungen waren. Busse lavierten durch die Gassen und verwiesen den Fußgänger in Mauernischen. Bei jeder neuen Biegung beschlich einen das Gefühl geheimnisvolle Bühnen hinter der gerade verlassenen Szenerie zu betreten. Ein Labyrinth, konzentrisch angelegt wie Blütenblätter, die dem sogenannten Bildungsreisenden, dem merkwürdig nekrophilen Fossil, den Fruchtknoten, den Stempel am liebsten vorenthalten würden.

Nach soviel historischer, nein mittelalterlicher Witterung, dieser Ahnung vom Gefühl der Verlassenheit, die das gemeine Volk in den lichtarmen Gassen, im Schatten der Festungshäuser und des Klerus bedrückt haben muß, trieb uns das Bedürfnis nach Licht Weite Raum, Luft - einem Kaffee.

Wir entdeckten den befreienden Wegweiser aus dem kalten Irrgarten: Piazza Del Campo.

Vor mehreren Restaurants standen sonnenschirmgeschützte Tische und Stühle. Optimismus ausstrahlend warfen sie Schatten.

Trotz der fast dogmatisch gehandhabten Mittagszeit südlich der Alpen war der Campo zu unserem Erstaunen im Verhältnis zu seiner möglichen Kapazität fast menschenleer. Obwohl doch eigentlich jede italienische Stadt ihren Platz oder zumindest Straße hat, auf der man sich trifft, flaniert. Gegenseitiges Betrachten. Spielerisch. Ein Blick schleudert Blitze. Ein Pfiff der Anerkennung, der sich im allgemeinen Gelächter verliert. Tummelplatz fremder Zugvögel, die auf Treppen herumsitzen und selbstgefertigten Schmuck verkaufen. Das Gitarrengeklimper untermalt die Freiheitsmelodie.

Nichts davon in Siena. Nur zur Zeit des Palio (Juli/ August), einem burlesken Pferderennen aus dem Mittelalter, soll Siena angeblich vor Leben überquellen. Wir jedenfalls waren außerhalb dieser Volksfestsaison nicht auf eine pulsierende Lebensader, einen Platz gestoßen ,wo man wie auf dem Laufsteg zwischen Tischreihen und parkenden PS-Schönheiten herumstolzierte .

Nein, wir waren mitten ins Labyrinth geraten .Auf einen bühnenartigen Platz; der trotz seiner Größe im Halbkreis von kulissenartigen Häusern, Palästen, eingeschnürt wurde. Jeden Augenblick erwartete man den fallenden Vorhang. Eine Veränderung des Szenenbildes. Das Heraustreten des Souffleurs, der unbeobachtet im schlicht verzierten Kanalgehäuse saß, das als Mittelpunkt des halbkreisförmigen Platzes Abwasser in sich einsog. Hier wurde nicht gelebt, sondern Statisten hoben sich schwach von historischem Bauwerk ab, als bedürfe die illustrierte Weltgeschichte nur einiger Kulissenschieber für ihren Denkmalschutz. Täglich wird hier ein fragmentarisches Stück jener Zeit aufgeführt, die uns zu Komparsen macht. Mir liegt das nicht - sich klein zu machen. Gottbefohlen. Erstarrt im Bewußtsein der Geschichte. Den Hals lang gestreckt voll Demut.

Nur der Torre del Mangia und das sich anlehnende Rathaus, der Palazzo Publico, entzogen sich kühn dem Bannkreis der muschelförmigen Bühne, deren neunfach geripptes, steinernes Grätenmuster in raffender Bewegung eine Spannung erzeugt, deren federnde Kraft das Bühnenbild der Stadt aufzuklappen scheint. Ihr so zur stabilen Statik einer Stadtmauer verhilft.

Doch auf mich wirkten diese in sich selbst zusammenziehenden Kräfte beängstigend. Eine Sogwirkung schien von ihnen auszugehen, als ob unsichtbare Kräfte vom Mittelpunkt der Erde aus ins Schattenreich lockten. Der Souffleurkasten, das Abflußsystem als Eingang zum Styx. Vielleicht lag in dieser drohenden Beklemmung der Grund, warum dieser Platz, der wie eine Hohlhand unter dem Himmelsgewölbe liegt, unberührt von den Verkehrsadern und doch geistiger Mittelpunkt, sich nicht recht mit Leben füllen wollte. Selbst die Futterjagd eines Taubenschwarmes ließ keinen Markusplatzflair entstehen. Wie an hektisch gezogenen Marionettenfäden war ihnen die Rolle der heiteren Sorglosigkeit zugedacht.

Sonett an die Heimat

Ach, alte Träume dringen aus den Tiefen
Der Sehnsucht, die der nahen Nacht entflieht,
Von Hügeln, die im Abendtau erschliefen,
Aus Tälern, die der Nebelhauch durchzieht.

Da schließen auch im Tale bald die Blumen
Erschlafend ihre zarten Kelche zu.
Im hohen Grase hell die Heimchen summen,
Und ferne rinnt der Bach in schwarzer Ruh'.

Schwankend nur die abendlichen Seen,
Als strichen Wogen sanft zum Ufer hin,
Und küßte sie der Winde lindes Wehen,

Die leiser Fahrt am Dorf vorüberzieh'n.
Es war, als käm' aus schwarzen Ährenwogen
Ein Träumen meinem Herzen zugeflogen.

Am Mühlenteiche

Am Mühlenteiche lag ich
Lange bei Vergißmeinnicht und Veilchen.

Spät rauschte der Holunder.
Waldein das Wild
Witterte stille Saaten.
Wasserkäfer pflanzten auf Blätter Larven.
Nahe der Hecke
Sangen Heimchen liebliche Abenteuer.
Am Halme schwankte ein Falter,
Ein Laubfrosch schnappte nach Mücken,
Kauerte dann glotzend im Naß,
Und Glockenklänge schwammen
In bläulichen Lauten.

Die Quelle

Im schönsten Wiesengrunde,
  Wo in den Dorfbach
    Die Quelle sprudelt...

Als im August neunundfünfzig
  Die Wasserleitung versiegt war
    Und wir hier Kannen füllten

Mit dem Handkarren wieder
  Wie damals zur Quelle kommen!
    Im schönsten Wiesengrunde...

Im Freilandmuseum

Windmühlenruhe konserviert
  Im Mittagsglast
    Die Gewanne.

Des Dorfes alten Geduldsfaden,
  Mit Bauerngärten vernetzt,
    Spinnt der Anger.

Wo einst die Kirche stand,
  Verrät kein Geläute.
    Erstickend die Glockenstille!

DER REGENBOGEN
Einakter

Die Bühne bleibt dunkel. Man hört tumultartige Geräusche einer häuslichen Auseinandersetzung. Die Wohnzimmertür wird zugeknallt und ein Mann betritt die Bühne. Im gleichen Augenblick wird die Szene, die sich in einem Wohnzimmer abspielt, beleuchtet.

Mann: Diese Frau kann so laut schreien, als ob sie das Alphabet vernichten will. Sie reißt an den Sätzen bis sie auseinanderbrechen. Die Silben zerreibt sie wie lästige Insekten (zu sich selbst). Ich weiß nicht, ob es jähzornige Tiere gibt, aber es gibt tollwütige Tiere. (zögernd betritt seine Frau die Bühne) Hast du Dich beruhigt?
(er bemüht um einen saloppen Tonfall)
Der Mörtel fällt ja von der Wand ...

Frau: ... und wenn schon...

Mann: Diese Frau kann tollwütig werden. Ihr Gesicht liegt in Ekstase, auch wenn sie Ihnen den Rücken zukehrt. Sie hat die Gewalt über sich Aren. Neben dunklen Prophezeiungen spuckt sie Gemeinheiten wie ein Vulkan die Lava. Die Wut hat Speichelfäden in die Mundwinkel gewoben. Sie hat die Augen des Fanatikers, der keine Dort duldet.

Frau: (gerade noch in dramatischer Pose erstarrt, dreht sie sich mit lautem Schrei um, aus ihrer Nase sickert Blut) Du Schwein! Du Psychopath! Das wirst du mir büßen ... (Sie breitet die Arme aus wie ein Racheengel) Alles, was deiner Familie gehört, werde ich zerstören (zertrümmert den imposanten Wandspiegel).

Mann: (zu sich selbst, um Fassung bemüht) Was soll ich antworten? Wenn ich sie aus großer Nähe betrachte wie durch eine Lupe wird sie mir unheimlich.

Frau: Je länger ich mit Dir zusammen bin, desto kümmerlicher werden Sehnsüchte (steckt Zigarette an). Ich denke nur noch daran wie ich den Tag überstehe.

Mann: (matt) Hier ist doch Dein Zuhause ...

Frau: (aufgebracht) Zu Hause, zu Hause ... (resignative Geste des Mannes). Hier ist mein Wohnsitz. Wo man verstanden wird, da ist das Zuhause. (sie versucht ein dünnes, versöhnliches Lächeln). Du hast plötzlich aufgehört, über uns nachzudenken. Als könne man nichts ändern. Alles gottgegeben.

Mann: (Tonfall, als wolle er das Gespräch beenden). Respektiere die Götter, als ob es sie gäbe.

Frau: (wie ein trauriges Kind) Ich hasse Dich ....

Mann: Hass kann produktiv sein ...

Frau: Ich habe Sehnsüchte in mir, aber ich weiß nicht wonach. Wie ein Vogel mit gebrochenen Flügeln.
          (Er wird sie jetzt umarmen, als liebe er ihren Widerstand. So, als nehme er sich ihrer tröstend an)

Mann: Ich fühle mich wie ein Heuchler, wenn ich sie umarme (seine Hand liegt wie ein Gewicht auf ihren Schultern). Deine Verachtung beweist, daß ich noch lebe. Das Selbstbewußtsein ist ruiniert, aber dafür unerschütterlich. Das kann einen am Leben erhalten.

Frau: Du bist ein Schwein. Nie hast Du für mich eindeutig Stellung bezogen. Immer dieses Lavieren, um nicht anzuecken. Da sitzt man schnell zwischen allen Stühlen. (sie schüttelt ihn ab)

Mann: Das ist physikalisch nicht möglich.

Frau:	Wahrscheinlich willst Du gar nicht, daß ich mich ände-re.
Mann:	Sie kann über ihre Konflikte auch in einem Tonfall sprechen, als würden sie sich in einem anderen Land ab-spielen. Ein Streit zwischen Menschen, die man nicht kennt - Du bist penetrant ...
Frau:	Dabei wäre ich so gern zufrieden. Normal.
Mann:	Aber Du unternimmst alles, um das zu verhindern.
Frau:	Ich lasse mich nicht anbinden.(genervt)Verzweiflung ist mein Normalzustand ...
Mann:	Dieses aufsässige Lachen, als wäre sie eine Halbwüch-sige. Ständig drehst Du Dich um die eigene Achse.
Frau:	(als koste es sie große Überwindung ihn anzusehen). Ich freue mich auf den Abend, wenn ich wieder trinken kann.
Mann:	Eine Frau, die lange, aber vergeblich um ihre Anerken-nung gekämpft hat. Als hoffe sie nun auf einen Telefon-anruf, der ihr ganzes Leben verändern wird - unser Fa-milienleben ist ein tragisches Krippenspiel.
Frau:	Weißt Du eigentlich wie es ist, alles zu akzeptieren und nichts zu erwarten?
Mann:	Du wirst es mir sagen - Sie sieht mich an, als leide sie an einer vorübergehenden Krankheit. So, als wolle sie sa-gen, ...
Frau:	...wenn ich dich los bin, werde ich wieder gesund sein ...
Mann:	Als Gott sich langweilte, schuf er die Schlange (um ei-nen Witz bemüht)

Frau: Du bist so hohl wie ein Sparschwein.

Mann: (emotionslos) Können wir uns nicht einfach vertragen?
           Frau: Dann musst Du auch die Unterschiede akzeptie-
           ren.

Mann: Wir hätten uns trennen sollen, als es am schönsten war.

Frau: Wer kann das schon? (zuckt gelangweilt die Schulter.
           Der Blick abwesend, als sehne sie sich nach einer un-
           sichtbaren Welt. Nachlässig klopft sie die Asche von der
           Zigarette. Ein Glutfunken fällt auf den Velour. Bevor er
           noch versuchen kann, die aufglühende Asche mit Bier
           zu löschen, hat sich bereits ein kraterartiges Loch einge-
           brannt.)

Mann: (ungehalten) Muß das denn sein? (Sie übersieht ihn und
           trinkt.) Ich weiß schon lange, daß es zwischen Men-
           schen, die so lange miteinander gelebt haben, unheil-
           volle Mißverständnisse geben kann. (beherrscht)
           Da kann man nur noch die Luft anhalten ...

Frau: (Sie liegt auf der Couch, die Schultern hochgezogen und
           hält sich die Ohren zu.) Ich kann es nicht mehr hören ...

Mann: Unser Leben ist das reinste Elend.

Frau: (zischt ihn an) Neben Dir bin ich zu einem alten Kind
           geworden.

Mann: Sie ist wie ein kleines Faß, in dem Alkohol gärt. Gleich
           gibt es einen lauten Knall.

Frau: Wie eine Puppe ohne Augen, so fühle ich mich. (Sie
           setzt sich auf wie ein wütendes Kind) Ich flüchte in den
           Alkohol, um nicht sentimental zu werden. (Linkisch
           versucht er sie zu umarmen. Selbstsüchtig schlürft sie
           am Glas). Ich war das Mädchen im Sommernacht-

44

straum, das sich in einen Esel verliebt.

Mann: Danke...
(Ihr plötzlich manieriertes Lächeln zerfällt, als ob sie ausgehöhlt ist. Ein kurzes grundloses Lachen ohne Heiterkeit, als fühle sie sich bedroht.)

Frau: Ich hatte mein Leben für eine Zukunft geopfert, die Du nicht mehr willst (sie rollt Sich ein wie ein schutzbedürftiges Tier).

Mann: Diese Lust an der Verlorenheit kotzt mich an.

Frau: Ich bin nicht betrunken. Das lasse ich mir von dir nicht einreden. (schwerer Tonfall)

Mann: Vollgepumpt mit Bier und Champus ...

Frau: Ich fühle mich wie in einer unendlichen Wüste ...

Mann: Ständig hat sie einen Moralischen ... Aber welche Moral steckt dahinter ? (sie nimmt einen tiefen Schluck und lehnt sich zurück). Du bist ein lauerndes Reptil. Du hast das Lächeln eines grinsenden Wolfes. - Du siehst aus wie eine verwittertes Fresko.

Frau: Auch wenn es Dir nicht paßt, meine Falten sind alle an der richtigen Stelle. (Sie setzt vorsichtig die Beine nebeneinander und zieht sorgfältig an ihrem Bademantel, als müsse er die Knie bedecken. Jetzt fühlt er sich verpflichtet, den Arm um sie zu legen. Wie im Spiel tuschelt er mit ihr. Wie ein Kind, das Verbotenes tut und spielerisch um Verzeihung bittet. Seine einschmeichelnde Stimme reiht unzählige Worte aneinander, als hätten sie Zauberkraft.)

Frau: (drückt die Zigarette im Aschenbecher aus) Du willst also mit mir schlafen ....

Mann:	Auf ihrem Gesicht erscheint der Schmerz so unmittelbar, als würde sie der Tod anwehen. Sie dahinten können es nicht sehen. So wie der Wein sein Bukett entfaltet. Ein süßer Duft. Ein verderblicher Duft wie Gift. (Er bleibt unschlüssig, dann aber ungehalten).Hör endlich auf zu trinken. Das ist widerlich.
Frau:	(gelangweilt) Du redest wie ein Erwachsener. Du bist abstoßend pedantisch. (gähnt).
Mann:	Du bist die einsamste Frau, der ich je begegnet bin. Aber wenn ich ehrlich bin - es berührt mich nicht mehr. Zu oft schon haben wir dieses Spiel gespielt.
Frau:	Ich hätte mich noch mehr betrinken sollen. Vielleicht verstehst Du mich dann. Aber Du bist alt geworden (theatralisch). Nichts mehr vom Sternenstaub (legt den Bademantel herausfordernd um das Bein, als trage sie ein geschlitztes Kleid. Ihr Blick träumerisch, als habe sie die Gegenwart völlig vergessen. Die Flasche hat sie vor sich auf den Teppich gestellt. Sie öffnet den Verschluß, der Korken knallt wie ein Geschoß. Vornüber gebeugt fixiert sie das Glas, als hätte es Zauberkraft. Mit aufreizender Munterkeit gießt sie nach). Du machst mich nicht mundtot.
Mann:	(gelangweilt) Du verstehst es meisterhaft die Realität zu ignorieren.
Frau:	Das ist intelligent. (lacht betrunken)
Mann:	(um versöhnlichen Ton bemüht) Man ist erst frei, wenn man sich frei fühlt.
Frau:	Eben, deswegen trinke ich (lächelt maskenhaft). Das hier ist nicht einmal ein Schattendasein. Zum Schatten

gehört das Licht. Und das kann ich nicht sehen
(plötzlich schreit sie ihn unvermittelt an).
Du hast doch immer Recht! Reicht Dir das denn nicht?
(Plötzlich leise drohend). Meine Enttäuschung ist ab-
grundtief. (Ihr Gesicht wird kummervoll. Wie das einer
Mutter, die ihr krankes Kind versorgt.). Ich bin das Op-
fer einer Illusion. Das alte Leben war stärker. Die Um-
stände waren gegen uns.

Mann: (matt) Du bist unerträglich.

Frau: Jahrelang mußte ich immer dieselbe Frau sein. Warum
          soll ich nicht die letzten Jahre meines beschissenen Le-
          bens eine andere Biographie leben?

Mann: Im Vergleich zu unserem Leben muß der Krieg ein Ver-
          gnügen sein.

Frau: Ich hatte Dir mein Leben anvertraut. Und was hast Du
          mir geboten? Ein Hausfrauendasein. Ständig auf den
          Herrn und Gebieter warten. Wie ich das hasse (schreit).
          Du hast unser Leben vergiftet. Nur noch der Tod kann
          uns dieser Hölle entreißen.

Mann: (sachlich) An das Unglück habe ich mich schon längst
          gewöhnt.

Frau: Unser Alltag ist so spannend wie die Liturgie. Immer die
          gleiche Leier...

Mann: Und jeder Furz von Dir wird zur Hostie...

Frau: (gelangweilt) Du mußt das ja so sehen. - Dabei wollte
          ich nur Dich (Sie hustet, als stelle sie einen schlecht ge-
          launten Melancholiker dar. Ein maskenhaftes Lächeln,
          als empfinde sie verhaltenen Spott.)

Mann: Du gibst Dich geheimnisvoller als Du bist.

Frau:	Wenn ich wenigstens in Gesellschaft trinken könnte. Du willst mich ja nicht retten, obwohl mir das Leben über dem Kopf zusammenbricht.
Mann:	Für mich ist das eine Krankheit, was fair Dich Alkohol ist.
Frau:	Ich liebe die Menschen. Aber die Menschen lieben mich nicht (zieht entschuldigend die Schulter hoch). Einmal noch darfst Du mich ansehen.
Mann:	Deine Lippen zucken wie der Mund einer Betenden, die den Heiland anfleht. (ironisch)
Frau:	Ich habe keinen Ehrgeiz mehr den Menschen zu gefallen.
Mann:	Das sieht man.
Frau:	Ich bin müde. Müde und betrunken (sie streckt ihm träge die Hand entgegen). Männer küssen mir die Hand (Spricht mit schwerer Zunge, als bemühe sie sich um Ironie). Verzeih mir, daß ich so schön bin (Wie vom Blitz getroffen sackt sie in sich zusammen).
Mann:	Du gibst Dich unschuldig wie ein Mädchen, das träumt. Vielleicht auch niedergestreckt von einem Schlangenbiß. Kein Zustand, der Dich erbarmungswürdig werden läßt. Unter den Augenlidern lächelst du wie eine gut bezahlte Hure, die bereit ist, verläßliche Arbeit zu leisten.
Frau:	(Leise eindringliche Stimme) Komm, wir wollen gemeinsam sterben. (Er versucht sie zu küssen. Sie schüttelt heftig den Kopf) Ich weigere mich, Dein Opfer zu sein (Sie steht auf und wankt in die Küche. Man hört das Schlagen des Kühlschrankes. Ein Sektkorken knallt. Aus der Küche) Wir feiern unsere Trennung. Der bitter enttäuschte Ehemann ist mich endlich los. Ohne Tod. Das

erspart Rennerei (kommt ins Wohnzimmer zurück) Selbst Deiner Mutter wird es nicht mehr schwerfallen, Dich als Erben einzusetzen (aggressiv). Das würde Dir gefallen, was? (lacht böse).

Mann: Es macht müde für Menschen zu arbeiten, denen alles egal ist.

Frau: Ich habe mich dem stillen Suff ergeben. Das ist wahrlich kein Vergnügen. Aber es öffnet eine Tür zum Leben.

Mann: Wenn Du das unter Leben verstehst.

Frau: Dann kann ich reden. Lachen. Mich von allem befreien, was mich würgt. Verstehst Du das? (laut, als beuge sie sich über einen Tresen). Das verstehst Du nicht.

Mann: Ein mickriges Los.

Frau: Ich will nichts erreichen. Verstehst Du? Ich scheiße darauf.

Mann: Akzeptiert, akzeptiert ...

Frau: Du hast gefährlich gute Manieren (gähnt. Den Morgenmantel trägt sie wie eine zweite Haut) Ich wollte Deine Selbständigkeit nicht (nachlässig gießt sie nach) Warum hast Du in mir nie die Nachtigall gesehen? Die läßt einen auch nicht schlafen. Sie singt gerade dann, wenn brave Vögel den Schnabel halten.

Mann: (angewidert) Du lebst in einem Narrenparadies.

Frau: Und Du bist der Narr. Ich trinke darauf, daß ich geboren wurde. Gelebt habe. Sterbe.

Mann: Du ekelst mich an.

Frau: Und dann trinke ich auf den Rest (Sie lacht hintergrün-
           dig und prostet imaginären Personen zu. Die Stimme
           rumort, als gurgelten Wortfetzen)

Mann: Halb Fee, halb Hexe.

Frau: (schreit plötzlich metallisch schrill) Ein Wort von Dir
           hätte genügt. Aber dieser Mann ist feige. Was für eine
           Zukunft hätten wir gehabt?!

Mann: Sie weint wie ein Kind. Ein brüllendes Kind.

Frau: (fast unterwürfig) Ich war immer wie ein Regenbogen.
           Man kann seinen Strahl ablenken, die Farben zerlegen.
           Aber man kann ihn nicht vom Himmel vertreiben.
           (Wenn sie stark trinkt, raucht sie mit hektischem Sau-
           gen. Sie stößt Laute der Wollust aus, um ihn herauszu-
           fordern oder abzustoßen. Sie kneift die geröteten Augen
           zusammen und beobachtet ihn aus Sehschlitzen gemein
           an)

Mann: Eine gefährlich dumpfe Gelassenheit

Frau: Die Zigarette ist mein Evangelium (Tonfall, als genieße
           sie den Reiz des Verbotenen) Die Asche ist mein Stun-
           denglas. Hier geht es um Zigarettenlängen. Deine An-
           wesenheit ist schon zehn Längen zuviel.

Mann: Unter diesem Gesichtspunkt ist es schwer, sich das Rau-
           chen abzugewöhnen.

Frau: Rede doch mit Deiner Mutter. Ich bin die falsche Frau.
           Sie hat auch das Kochbuch gelesen. Was willst Du
           mehr?

Mann: Sie lacht böse und der Mund zieht sich zusammen, als

spucke sie Gift.

Frau: Ich bin ein Dichter. Verstehst Du? Ach wie kannst Du das verstehen? (Sie leert die Bierdose und wirft sie nachlässig in seine Richtung)

Mann: Geschenkt, geschenkt (weicht mit lässiger Kopfbewegung dem Wurfgeschoß aus) An Deiner Stelle würde ich nicht alles durcheinander trinken.

Frau: Jawoll, Herr Oberlehrer! Du hast Recht. Du hast immer Recht. Vielleicht haben wir uns zu schnell erfühlt ohne uns zu kennen- Hast Du überhaupt meine Gedichte verstanden? Gelesen? Nein, das hast Du nicht. Immer nur Zahlen, Alltag. Du kotzt mich an.

Mann: Bleiben und Stille bewahren (lacht resignierend) Du hast Deinen Benn nicht verstanden.

Frau: Ach, was verstehst Du schon?

(Als wäre er abwesend memoriert sie stockend Gedichtzeilen)

Mann: Warum starrst du mich so an ?

Frau: Ich bin eine Rarität ....

Mann: Dann setz Dich in die Vitrine. Wenn ich dich schon ertragen muß, würde ich dich am liebsten nur betrachten, als säße ich in einem Café. Ein Flaneur, der voraussetzungslos Menschen beobachtet.

(Sie sieht ihn schweigsam an, als versinke sie im Moor)

Frau: Ich hänge nicht am Leben (das Gesicht götzenhaft starr). Ich kann Dich und die Welt nur betrunken aushalten (sie sackt in sich zusammen) Das ist alles ...

54

Mann:	Als wäre sie zerbrechlich. Wie ein kleiner gerupfter Vogel. Der Körper zur Seite gesunken. Plötzlich wirkt sie viel älter, viel jünger. Ein Alter nicht mit Zahlen zu fassen. (Nur das Wippen des übereinander geschlagenen Beines schreckt sie wieder auf)
Frau:	Ich hatte immer Angst so zu werden wie mein Vater. Jetzt bin ich so. Es ist gar nicht so schlimm. (sie lacht betrunken) Nachts hörte ich ihn oft lallen. Bis er eines morgens Blut erbrach. Man verbot mir, ihn zu besuchen. Heimlich schlich ich mich durch die Büsche zu seinem Krankenzimmer, das zur ebenen Erde lag. Eine fassungslose Birne hing unter der Decke. Auf einen Pfiff hin wandte mein Vater langsam den Kopf und lächelte müde. Das Gesicht war unrasiert. Das dünne Haar klebte auf der Stirn. Er sah aus wie ein Häftling. Diese Krankheit umgab meine Kindheit wie ein klebriger Spinnfaden (sie ist seltsam gehetzt, als warte sie auf etwas) Wenn man niemanden hat mit dem man sprechen kann, erstickt man (plötzlich keifend) Wenn es Dir nicht paßt, dann geh doch! Du hast mich immer allein gelassen.
Mann:	Du läßt Dir einfach nichts sagen. Dir fehlen nur noch Pantoffeln und Lockenwickler ....
Frau:	Ich wußte doch, daß Du auf mütterlichen Schlampen stehst.
Mann:	Auf kratzbürstigen Weibern, die schrill und ordinär werden, wenn sie saufen.
Frau:	Du hast etwas vergessen. Häßlich. Ich bin gerne häßlich. Sieh Dir genau meine Falten an (beugt sich aggressiv vor, Tonfall einer Auserwählten, einer Verdammten) Ich liebe die Nacht...
Mann:	Du siehst aus wie eine Giftmischerin.

Frau:	Wenn ich trinke, werde ich häßlich. Und wenn ich häßlich bin, dann quäle ich Dich (lacht böse) Du belauerst mich wie ein Raubtier. Hier gibt es kein Aas (gespielt naiv) Habe ich meinem Süßen das Spielzeug zerstört?
Mann:	(um Witz bemüht) Was ist die beste Lösung für uns? Die Scheidung oder soll ich Dich umbringen?
Frau:	Du mich? Ich bringe Dich um. So bin ich doch unzurechnungsfähig.
Mann:	Ich bemühe mich zu schweigen. Ihr keine neuen Stichworte zu liefern. In mir steigt Ekel auf. Ekel ihr einmal körperlich nahe gewesen zu sein. Ich bin von meiner Gefühllosigkeit überrascht. Sie riecht nach kaltem Tabak und ihr Make-up- ein verwittertes Fresko. Und trotzdem hat das Gesicht etwas von einem Kind.
Frau:	(schnauft wie ein verletztes Tier) Unsere Liebe ist nicht tot. Nur verschwunden wie der Regenbogen (sie schmiegt sich an ihn).
Mann:	Nun leg Dich doch endlich ins Bett.
Frau:	Ich lasse mich von Dir nicht ins Bett schicken. Wir können uns das Trinken gemeinsam angewöhnen (lacht müde) Darauf trinken wir (sie fixiert ihr Glas wie die Wahrsagerin die Kristallkugel). Du siehst, ich zittere nicht (mit theatralischer Geste führt sie das Glas zum Munde. Sie schweigen sich an. Die plötzliche Ruhe im Zimmer hat etwas von einer gut isolierten Gefängniszelle. Die schweren Übergardinen zugezogen, als wäre der Raum ausgeschlagen wie eine Konfektdose. Ihr Bademantel ist hochgerutscht, als hätte sie keinen Hals) Ich habe das jämmerliche Aussehen einer Buckligen ... (Sie stützt sich auf den Glastisch und flüstert ängstlich, aber unverständlich, während sie zur Wohnzimmertür sieht, als drohe von dort eine unsichtbare Gefahr. Sie steht

56

umständlich auf. Bewegungen einer Marionette) Ich sehe mal nach ...

Mann: Geh endlich ins Bett

(Sie reißt mit einem Ruck die Tür auf, knallt sie hinter sich zu und schließt ihn ein.)

Frau: (schreit) Ich hasse Dich ... !

Mann: (drohend) Laß mich sofort raus, sonst ...

(Man hört einen gellenden Schrei, der zunehmend verhallt, als stürze man in die Tiefe eines Treppenhauses. Dann ein dumpfer Aufschlag. Auf dem Flur wird eine Tür aufgerissen. Aufgeregte Schritte eines Kindes.)

Kind: (verzweifelter Schrei) Mama, was hast Du getan ?

Früher Abend

Am violetten Abendhorizont
 Schwinden im Herbstlicht
  Die Tagesfarben.

Auf der Höhe der alte Weg,
 Dunstig das Dorf
  Versunken im Tale -

Nur der Kraniche Flug
 Wissend über dem Wald,
  Schrille Mauer des Schweigens.

Flugbahnen

Der Kraniche Himmelszüge
 Aus nördlicher Heimat
  Suchen den Rastplatz am See.

Über den nächtenden Bergen
 Der Flugrouten gestörtes Geschrei
  Begegnet dem Süden.

Im Landeanflug
 Die Chartermaschinen
  Aus Palma und Las Palmas...

Nachts auf dem Hofe

Im gepflasterten Hofraum
   Ruht denkmalgeschützt
      Des Giebels Gottvertrauen.

Die düstere Dielentorstille
   Greift ans Rosenspalier
      Der Fachwerkwände.

Über Traktor und Ladewagen
   Flüstert die Linde
      Den Erntesegen.

Bauland

Hinter dem alten Dorf
   Lagen die Obstgärten;
      Darinnen campierte der Herbst.

Schwalbenabschied sah er
   Von Hochspannungsdrähten
      Und Feldscheunenfirsten.

Dann hielt er Einzug
   Mit Baufahrzeugen
      Zur Siedlungserschließung.

Dorfes Herbst

In den Gärten
　Laubes Schlaf,
　　Schon Kühle atmend -

Asternbeete,
　Des Tages Neige
　　Früher trinkend -

Abendstille,
　Wenn Satellitenantennen
　　Nacht empfangen.

An der Hecke

Wenn Blätter Ferne fühlen,
　Reift der Hecke
　　Hagebuttengrab –

Der Schlehe Sterben,
　Wenn des Friedhofs
　　Lichter mahnen –

Tod der Straße
　Für stille Igel,
　　Wenn Laub verdorrt.

Das Getto
Hommage für Annette von ....

Wenn Levin mehrere Gläser Wein getrunken hatte, entdeckte er positive Gefühle. Ich beginne mich für die Welt wohl zu fühlen, dachte er. Oder wenigstens für meine Umgebung. Als strecke er sich in sich selbst aus, widerrief Levin im gleichen Augenblick seine Bewegungen, als müsse er die Stille des Zimmers wiederherstellen. Die Nacht geht dahin wie im Kloster, dachte Levin. Und er begann sich danach zu sehnen an das zu denken wie ihr Leben hätte sein können.

Der Sitzplatz vor ihrem Haus wurde beschattet von Schilfmatten. Die Zypresse züngelte in den Himmel. Anne lag entspannt in der Hängematte. Kindlich den breitkrempigen Strohhut ins Gesicht gezogen. Der weite Seidenrock umwehte das aus der Matte baumelnde Bein, während sie verträumt an ihrem Halskettchen spielte. Er lag dösend auf der Sonnenliege. Anne liebte es nur dazuliegen und an nichts zu denken. So, als müsse sie die Langsamkeit neu entdekken. Die Stadt unten am See schmorte im gleißenden Mittagslicht. Wie würde sie das erträumte Landleben aushalten? dachte Anne. Wie lange konnte sie Ruhe und Natur, wenn sie denn übereinstimmten, ertragen?

Ein verwittertes Mäuerchen umgab die Veranda. Der warme seidige Wind strich das Haar, blähte die Ärmel. Leichtfüßig, ohne eine Spur zu hinterlassen. So, als wolle man abheben, den Vogelhorst verlassen zum Flug über das weite Tal. Flüchtige Augenblicke, als ließe sich so die Ewigkeit übersetzen. Anne verfolgte die Linien der Landschaft. Eine Weite, in der sich das Auge verlor.

"Als ob wir im Bild stehen", sagte Anne. Levin schien zu schlafen.

In dieser Landschaft sucht man die Verbindung zur Welt, dachte Anne. Als würde einen nur das Reden am Leben erhalten.

"Meinst Du nicht auch?" sagte Anne erneut.

"Was soll das? Ich dachte wir sitzen in einem Boot."

"Aber zugestiegen sind wir getrennt." Sie bemühte sich um einen entspannten Tonfall. Ihr Mund hatte einen gelösten Ausdruck, als ob sie ihn küssen wollte. Aber der obere Teil ihres Gesichtes war in höchstem Maße angespannt, als unterliege es heftigen atmosphärischen Störungen. Im Zentrum dieser Gesichtslandschaft die Augen.

Sie begann zu flüstern, als wäre das Zimmer ihr Resonanzboden. So, als müsse sie Kräfte sammeln. Ihr Leben blieb ihm ein Rätsel. Aber, dachte Levin, hinterläßt nicht jede Existenz einen derartigen Eindruck? Wieder einmal standen sie vor der Situation, in der man nichts zu verschweigen hat, weil man nicht miteinander spricht. Ihr Blick jagte ihm Angst ein. Der Blick eines Menschen von fixen Ideen gequält. Der Blick eines Häftlings. Von panischen Fluchtgedanken besetzt durchbrechen die Augen den Spiegel. Als könne sie hindurchgleiten in eine andere bessere Welt.

"Ich lebe wie im Getto," sagte sie kalt. Sie hatte die Lippen zusammengepreßt. Der Anschein eines müden Lächelns huschte über ihr Gesicht:

"Dabei wäre ich so gerne zufrieden." Sie lachte das kurze, herausfordernde Lachen einer Halbwüchsigen. "Ich freue mich auf den Abend, wenn ich trinken kann," blitzte sie ihn aufsässig an.

"Wir hätten uns trennen sollen, als es am schönsten war," sagte Levin.

"Wer kann das schon?" Sie zuckte gelangweilt die Achseln. Sie starrte ihn an ohne ihn zu sehen. Die Stimme gläsern. Abwesend. Als sei ihre Welt unerreichbar. Und Levin wußte, daß es zwischen Menschen, die so lange miteinander gelebt hatten, unheilvolle Mißverständnisse geben kann. Anne hielt den Atem an. Nahezu ängstlich, als könne der dünne Faden, der sie noch mit der Wirklichkeit verband, reißen. So, als dürfte sie sich nicht bewegen. Die Zigarette, die sie fast immer bis zum Mundstück rauchte, reizte die Bindehaut. Zwischen den Zähnen hingen Tabakreste.

"Ich flüchte in den Alkohol, um nicht sentimental zu werden."

Linkisch versuchte er sie zu umarmen. Sie bog sich gequält aus seinem Arm. Selbstvergessen schlürfte sie an ihrem Glas, als umwehe sie eine weltweite Melodie.

Ihr Lächeln fiel in sich zusammen, als wäre sie ausgehöhlt. Ein kurzes grundloses Lachen ohne Heiterkeit. Sie ergab sich der plötzlich auftretenden eisigen Stille. Die Schultern eingezogen wie ein in sich zusammengerolltes Tier:

"Ich bin nicht betrunken," sagte sie mit schwerem Tonfall "ich fühle mich nur wie in einer unendlichen Wüste."

Diese Lust an der Verlorenheit, dachte Levin, kotzt mich an. Ihr Gesicht konnte plötzlich grau werden, als wäre sie zu Asche verbrannt. Und dann wieder das Grinsen eines Wolfes. Die Augenwinkel zerknittert wie feines Zigarettenpapier. Ein merkwürdiger Kontrast zu den nachlässig übermalten Lippen, den lackierten Fußnägeln, dem hochgesteckten Haar, das seinen Halt verlor. Ein altes Kind hat sich inszeniert, dachte Levin. Auf ihrem Gesicht erschien ein Schmerz so unmittelbar, als sei sie schon lange darauf vorbereitet gewesen. Sie ist die einsamste Frau, der ich je begegnet bin, dachte Levin. Aber es berührte ihn nicht. Die Weinflasche hatte sie vor sich gestellt. Vornübergebeugt fixierte sie die Flasche, als entweiche ihr Zauberkraft. Mit aufreizender Munterkeit goß sie nach:
"Hast Du überhaupt meine Gedichte verstanden? Gelesen? Nein, das hast Du nicht. Immer nur Zahlen, Bilanzen, Alltag. Das ödet mich an."
Eine gegensätzlichere Verbindung ist kaum vorstellbar, dachte Levin. Sie hatten sich zu schnell erfühlt ohne sich zu kennen. Er versuchte ihre Hand zu küssen. Sie begann das Geschirr abzuräumen. Über ihr Gesicht huschte ein kaltes verbissenes Lächeln. Hatte sie wirklich ihren Tod geplant? Oder sich nur aus der Situation befreien wollen? Aufwachen in einem anderen Leben.
"Mit Deinem Betrug hast Du unsere Liebe verraten" - hatte sie auf einen Zettel geschrieben. Eine kleine Botschaft unter die Kaffeemaschine geklemmt.
"Du hast mich getötet."
Hatte sie nicht immer rebelliert? Schon als Kind?
"Wenn ich aufwache, werde ich tot sein", lächelte sie böse.
Aus welchem Grund soll man sich umbringen, dachte Levin, wenn einem kein Grund einfiel zu leben. Merkwürdig, als sie das erste Mal mit ihm über ihre Liebe sprach, sprachen sie auch gleichzeitig über den Tod. Als läge darin eine Vorbestimmung, daß man das eine von dem anderen nicht trennen konnte. Oder war der Tod die letzte Kombination ihres Denkens? Oder ein beglückendes Gefühl jeden Widerstand aufzugeben? Für Sekunden die Vereinigung von Opfer und Mörder. Eine Träumerin, die die Realität erst wahrnimmt durch den Sprung in die Tiefe des Treppenhauses. Als bewahre sie der Teppich im Vestibül wie ein Sprungtuch. Auf dem Gesicht noch

eine sentimentale Erinnerung, als habe eine Zeitlupe diesen Augenblick auf Minuten gedehnt. Die Leiche war kalt. Ein frierendes Kind, das die Hand des Vaters sucht. Eine alte Frau, die nach Hause möchte.

Nach der Ernte

Die Felder liegen schwer, wie brache Runen
  Welkend ausgeworfen nach dem Reifen.
    Vor Dörfern fällt auf taubenetzte Brunnen

Der Linde später Schatten, und das Pfeifen
  Der Erntewagen schwelt noch in den Fluren.
    Derweil im Grase Spinnweb'fäden schweifen,

Versinkt der Tag in fließenden Konturen.
  Das Wild beginnt, den Frieden zu begreifen
    Und folgt vor Abend seinen stillen Spuren.

Herbstwind

Des Herbstes alte Weisen prägen wieder
  Ihr welkes Siegel in die Herbstzeitlosen.
    An Holzspalieren ranken rot die Rosen,

Die Linde träumt versunk'ne Sommerlieder.
  Der Mittag flüchtet hell, die Bäu'rin sieht
    Vom Fenstersims im Hof den Sommer schwinden.

Die letzten Schwalben zogen mit den Winden,
  Und auch die kühle Sonnenröte flieht.
    Vom Kirchturm dröhnt der schwere Uhrschlag nieder.

Sonett an den Nachtwind

Nachtwind spiegelte die Wellen schwarz.
In Brunnen schien ihr Wasser noch so rein
Wie nach der Kelter rot gegor'ner Wein.
Sank fahl ihr Licht dahin: Der Grund bewahrt's.

So fließt ein Strom voll duft'gen Waldes Harz,
Mit trunk'nem Purpurflor im späten Schein
Der Sonne funkelnd, rauschend an den Rain
Der dumpfen Fluren Ufer wie aus Quarz.

Da rauschte auf ein Quell. Im schwarzen Grunde
Ihn zu fassen, richt' das Auge schnell!
Bald wäre wohl Dein Bild darin zu sehn.

Du wärst im Grunde selber gar der Quell,
Und fühltest, rinnend schon durch Raum und Stunde,
Dein Spiegelbild im Schwanken und Verweh'n -

Friedhofsnacht

Auf den Gräbern leuchtet
  Und durch die Linden
    Bizarrer Mondschein.

Nachtromantisch -
  Hell die Wand der Kapelle!
    Mit Graffiti besprüht

Auf den Stufen blinkt
  Bierflaschenflimmer,
    Unter dem Kreuz Dosenblech.

Waldlichtung

Mondesschimmer,
  Der in Sommern sanft
    In die Wälder sich ergoß!

Todesgedanken umschatten
  Dein Licht überm Tann,
    Wo Südwinde säuselnd

Die Wipfel wiegten
  Und Wintersturm nun
    Durch die Autobahnbaustelle fährt.

Hausbesuch

Natürlich würde er ihr die Wahrheit verschweigen. Nur sparsam ging er mit seinen Erklärungen um. Er zog vage Vergleiche. Und von ihrem Krankheitsbild sprach er, als handele es sich hier um Routine.

Die entsprechende Behandlung führe in den meisten Fällen zu einem guten Ende.

Natürlich, wer dachte schon bei einem guten Ende an den Tod? Eine Erlösung, dachte er, und ihr Körper wird sehr leicht sein.

Während er sie abhörte, machte sie einen Buckel, als bestünde sie nur noch aus Haut und Knochen.

„Seh' ich nicht furchtbar aus?", sagte sie leise und lächelte verschämt.

„Ich darf nicht mehr in den Spiegel sehen."

Die fahlen Züge ihres Gesichtes verzogen sich zu einem mühsamen Lächeln.

So, als erhole sie sich von einem brennenden Schmerz. Ihre Augenlider waren schwer und der zahnlose Gaumen zusammengepreßt. Die Lippen starr wie ein Fossil. Die dunklen Augenhöhlen umgab eine beklemmende Stille.

Vielleicht würde sich später sogar der Bestattungsunternehmer fragen, ob er einen leeren Sarg beerdigte. In ein paar Tagen wird der Körper so abgemagert sein, daß man hoffen mußte, dass die Träger nicht die Balance verloren.

Was für ein makabres Requiem, wenn die Leiche ins Rutschen geriet und knöchern gegen den Sargdeckel schlug.

Ihr Gesicht verschwand nahezu unter dem Plumeau, als sei sie geschrumpft. Sie atmete schwer und es roch nach Erbrochenem. Ihre Augen versuchten sich zu erklären. Matt hob sie den rechten Arm, der kraftlos zurückfiel.

Er wußte, viel schlechter als jetzt konnte es ihr nicht mehr gehen. Ein Bild der Hilflosigkeit - und doch schien sie keine Zeit zu haben erstaunt zu sein. Schweiß verklebte ihre Haare, die müden Reste einer Dauerwelle.

Ob sie noch weiß, wie sie früher aussah? dachte er.

Schwere Eichenmöbeln beherrschten den Raum, als stützten sie die niedrige Decke des Fachwerkhauses.

Im kissenübersäten Sofa saß die halbwüchsige Tochter und weinte. Ab und zu sah sie verstohlen zur Uhr.

Der vierschrötige Ehemann betrat leise den Raum. Zögernd schloß er die Tür, als betrete er einen Käfig.

„Wir werden das schon hinkriegen,“ sagte der Arzt burschikos ohne seinen eigenen Worten zu glauben. Mit den Angehörigen hatte er sich auf eine Diagnose geeinigt, zu deren Entschlüsselung auch das Gesundheitslexikon nicht taugte. So wurde jeder Hausbesuch zu einer hilflosen Farce. Denn auf dem Stickbild über dem Sofa stand: "Schweigen ist Gold "

Als ließe sich der Tod verschweigen, dachte er.

„Wir waren heute schon spazieren,“ sagte der Ehemann.

Und der Arzt wußte, daß der Mann nicht an den baldigen Tod seiner Frau glaubte.

„Selbst die Bouillon ist drin geblieben.“

„Seien Sie froh, daß Sie bei diesem Sauwetter im Bett liegen ...“ wandte sich der Arzt an die Patientin.

„Sehen Sie mal, den schönen Blumenstrauß ...“

Der Arzt hatte sich auf die Bettkante gesetzt. Hagere Finger umklammerten seinen Arm.

„Ich habe Fieber,“ sagte sie tonlos.

„Wir haben eine gute Nachbarschaft,“ sagte der Ehemann.

„Bestimmt können Sie bald wieder aufstehen ... ,“ lächelte der Arzt unbestimmt .

Sie erhob sich mühsam, stützte sich auf den rechten Unterarm und verlangte die Plastikschüssel: „Mir ist so übel ...“

Sie erbrach dunkelrotes Blutkoagel.

„Gut, daß es raus ist. ..."

Sie versank wieder in ihrem Kopfkissen.

Nachdem der Arzt die Injektionsnadel aus dem Arm gezogen hatte, lächelte sie mühsam:

„Letzte Nacht bin ich zu meinem Kleiderschrank gekrochen. Noch einmal wollte ich an meinen Blusen den Duft des Sommers riechen.“

Wie ein müdes, abgehetztes Tier atmete die Frau. Umständlich versuchte sie auf der Bettkante Platz zu nehmen.

„Wissen Sie,“ sagte sie, "der Herbst ist vorbei. Der Winter ist eingebrochen."

„Aber der Winter hat auch seinen Reiz," sagte der Ehemann in einem Tonfall des Trostes. Ihr fiel das Sprechen schwer.

Sie war sicher keine Frau, die in ihrem Leben Tagebuch führte, dachte der Arzt. Keine Zeile, die den Übergang in die Nichtexistenz fixiert.

Das Leben- eine Selbstverständlichkeit. Ohne das Rollenspiel von jung und alt, Frau und Mann.

„Wir fühlen uns im Glauben aufgehoben", sagte der Mann selbstgefällig.

Sprach er mit seiner Frau? Oder mit dem Arzt?

„Vom Sterben spricht man nicht," sagte der Mann. Er hatte den Kopf abgewandt und bemühte sich um einen leisen Tonfall. War der Tod kein Ereignis des Lebens? Oder wollte er sich nicht vorstellen, daß sie ihr Sterben bewußt erlebte ?

Was für eine Haltung? dachte der Arzt .

„Wir vertrauen den Heiligen," sagte die Frau matt und schlug unbestimmt das Kreuz, als wäre sie nicht sicher, was sie vom Tod halten sollte. „Für die Beerdigung ist gesorgt."

Was soll man da noch sagen,? dachte der Arzt.

Und während er die Schlichtheit der Aussage sozusagen innerlich belächelte, beneidete er diese Frau um ihren Glauben. Vom Schmerz davongerissen wurde sie nicht .

Als gebe es keinen großen Unterschied zwischen Leben, Sterben und dem Tod. Als sei es völlig belanglos, ob man noch tausend Atemzüge lebte oder bereits dreitausend Atemzüge tot war. Wem fiel das auf? Vielleicht will das Leben weniger gelebt werden, dachte er, als gelernt sein, nicht mehr zu leben. Aber wer kann das schon?

Ich würde meinen Arzt hassen, wenn ich in sein mitleidvolles Gesicht sehen müßte. Denn schließlich würde er selbst, der Patient, sterben und sein Arzt überleben.

Die Kalendertage der Heiligen sind keine Geburtstage, dachte er. Es sind Todestage. Eine wunderbare christliche Vorstellung. Der Todestag, ein Tag der Wiedergeburt.

Es wird nicht mehr lange dauern, da wird ein Geistlicher an ihr Bett treten und ihr das letzte Sakrament erteilen. Routiniert wird er den Klappkoffer auf dem Nachtkonsölchen abstellen und den Druckknopf bedienen. Der Kofferdeckel springt auf. Wie ein deus ex machina springen ein silbernes Kruzifix und ein Kerzenleuchter auf, um in senkrechter Haltung Stellung zu beziehen. Der samtartig ausgeschlagene Koffer hat den Charme eines Bauchladens. Das Zeremoniell kann beginnen, wenn die Kerze brennt.

Nur wenig später wird der Bestatter im Türrahmen stehen.

Der Sarg steht im Hausflur.

Wenn ich einmal soweit bin, dachte der Arzt, werde ich mich in die Anonymität eines Großstadthotels flüchten. Und dort werde ich dem Tod spöttisch begegnen.

Dieser Gedanke beruhigte ihn.

Oder würde ihn eine unstillbare Sehnsucht nach dem Leben quälen wie einen Ertrinkenden, der nach Luft ringt? Konnte man sich eigentlich ein Leben im Jenseits vorstellen ohne Haus und Hof, Frau und Beruf?

Vielleicht sollte man sich auf dem Todeslager mit Knoblauch ausstaffieren, dachte er. Trat dann der Todesangel an das Bett und fragte nach dem letzten Willen, dann würde er ihn anhauchen und sagen: „Was willst du?"

Der Engel dreht erschreckt den Kopf und sagt: „Gut, ich komme später."

Im Atlantik schläft ein Glaspalast

Im Atlantik schläft ein Glaspalast.
Darinnen wachen Bräute bang und warten.
Kristalle schneien bläulich aus Sulphaten,
Weil die Nacht an klare Haffe klang.

Da schlafen Bräutigame blaß und bang.
Und Kähne harren aus nach langen Fahrten.
Und auf den Masten flauen die Standarten
Ins müde Haff, weil der Palast versank.

In Galaxien

In Galaxien fänden Astrologen
Planeten kaum perlmuttbegrünt umspannt,
Denn Augenblicke wären Meereswogen
Aus myriaden Meeren ohne Land.

Auch wäre eine weitgereiste Barke
Blaß wie bleicher Nebelwelten Tau
Vor Anker ohne Hafen, und die Marke
Vergess'ner Heimkehr unbekanntes Blau.

Ein Fischschwarm aber jagte zu Gestaden
Der fernen Erde wie ein grüner Traum.
Dann risse einem Augenblick der Faden:
Er fiel' heraus. Und wieder alles Raum...

Am Winterwehr

(Sonett)

Reißend fällt es in die weißen Schneisen,
Als ränne nirgends mehr ein Bach so blau,
An kahlen Ästen seine Kraft zu weisen
Und abzuzwängen, kalt und ungenau.

Der blanke, trauerndbleich getränkte Tau
Verfängt sich eisig in den ranken Reisen
Und schwenkt zu klirrendhängend klaren Kreisen
Glaszapfen schlenkernd auf den grauen Stau.

Da braust der Schwall des Wassers auf am Rande,
Wie hämmernd hoch und hallend, halb wie Glas,
Das, starr erstorben, rauh an Wehr und Kante

Sich klingend aufbäumt und den Schwall vergaß.
Noch Klänge aus Geästen irgendwo,
Kälte klärend, Antwort und - Tableau!

Warum kein Goldfisch?

Die Flaschen hatten klebrige Ringe auf den Glastisch gestempelt. Der Aschenbecher quoll über.

„Ich genieße es die Zeit zu verbrennen," sagte sie gehässig. „Und wenn es dir nicht paßt, dann geh doch! - Du hast mich immer nur allein gelassen."

Die Katze sprang auf Marens Schoß, als wolle sie ihr schützend beistehen.

„Du siehst, ich werde noch gebraucht." Sie lächelte müde und strich dem Tier das Fell.

„So kannst du die Situation auch nicht ändern," sagte er und sein Tonfall bemühte sich um Sachlichkeit. „Was bringt das schon? Trinken macht betrunken. Sonst nichts."

„Ein geregelter Tagesablauf. Das liebst du doch," lächelte sie schief. Sie nahm ihre Brille ab und gähnte: „Ich kann dich nicht länger ertragen..."

„Du läßt dir einfach nichts sagen..."

„Du langweilst mich. - Komm, Felix. Wir hören gar nicht mehr hin." Sie kraulte dem Tier das Fell.

„Katzen sind dumm," sagte er, als wolle er das Thema wechseln.

„Felix ist nicht dumm. Mit Felix kann ich reden."

Sie sog an ihrer Zigarette.

„Du bist nicht dumm, nicht? Du verstehst Frauchen..."

Die Vertraulichkeit, mit der sie die Katze streichelte, verletzte ihn.

„Du kannst Katzen nicht leiden, weil sie frei sind. Die hört nicht auf dein Kommando."

In einem unbeobachteten Augenblick versetzte er dem Tier einen Tritt. Fauchend sprang die Katze auf den Schrank und hieb mit der Pfote nach ihm.

„Scheissvieh!" zischte er.

Um die Katze gab es schon seit Monaten Querelen. Und wenn man es genau nahm litt er unter einer Katzenhaarallergie.

„Du willst die Katze nur loswerden, weil ich sie liebe..." Maren beugte sich zärtlich über das Tier. Trostlos saß Krüger neben ihr. Sie hatte ihn vergessen. So, als besinne sie sich auf ihre menschlichen Bedürfnisse, wenn sie Felix kraulte.

„Mit deiner angeblichen Allergie willst du mich nur quälen..." „Bist du blind? Siehst du nicht meine roten Augen?"

„Wenn ich meine Augen reibe werden sie auch rot."

„ ...und du unterwirfst dich dem Vieh, weil du sonst nichts zu tun hast..."

„ ...ich liebe Felix ..."

„Klar, das Miststück antwortet ja auch nicht."

„Felix weiß, dass er gehorchen muß, weil er gehorchen will."

„Das nenne ich Logik..."

„Siehst du," lachte sie herausfordernd.

„Siehst du was?"

Er beschloß zu schweigen. Die Katze blinzelte ihn arrogant an.

„Blaucreme..." sagte er verächtlich. „Das Vieh ist genauso degeneriert wie du..."

„...wie wir..."

„Sicher kommt das Vieh noch in den Himmel..."

„Warum nicht?" sagte sie schnippisch.

Dieser Katze war es zuzutrauen. Sich auf das Jenseits zu freuen, wenn man schon sterben muß, das fällt ohnehin schwer, dachte er. Aber war es verlockend diesem Tier wiederzubegegnen?

Offenbar genoß Maren die subtile Tyrannei des Tieres. Natürlich trank Felix keine Milch. Und Abfälle? Um Gottes Willen! Er hatte eine empfindliche Darmflora. Und die Wohnung roch auch nie nach dem Katzenklo. Aber Felix konnte so putzig sein, wenn er am Perserteppich knabberte oder an den Beinen des Klaviers seine Krallen schärfte.

Krüger wären tausend Mäuse im Haus lieber gewesen, als dieses schreckliche Tier. Aber für dieses buschige Kunstgeschöpf gab es keine Maus. Vermutlich konnte Felix keine Mäuse vertragen.

Maren mußte sich überflüssig fühlen, dass sie sich den Launen dieses Tieres derart aussetzte. Und die Katze wußte ihre sinnlose Existenz durch Frechheit wettzumachen. Ungestört gab sich der Kater seinem Freßnapf hin, um dann den scharfen Urin ins Katzenklo zu spritzen.

„Hätte es nicht auch ein Goldfisch getan?" fragte Krüger.

Maren schwieg und sah ihn gehässig an.

Am Kloster

Kaum bemerkt von der Chaussee
   Schlief das historische Kloster.
      Der Ferienpark hat es erweckt.

Aus dem Lagunenbad
   Spült Romanikkonjunktur
      Ins Kryptagewölbe.

Opferstock-Eldorado vor dem Gnadenbild.
   Und nachts mit Mariensegen
      Zu Roulette und Black Jack.

Am Grenzstein

Mit dem preußischen Grenzstein
   Unter den kranken Eichen
      Verwittert die alte Zeit.

Im achtundvierziger März
   Trieben die Knospen.
      Seither wuchert der Wald.

Hier hätte Heine gedichtet:
   "Ich habe sie immer so lieb gehabt..."
      Wie lange noch grünen die Eichen?

Fast Mühlenromantik

Weil Frühling vom Dach tröpfelt,
  Kräuselt der Mühlgraben
    Sonnenfacetten.

Das Rad braust wieder,
  Die Goldammen ruft
    Und lockt die Spatzen.

Frech tummeln sie sich
  Zwischen Stühlen und Tischen
    Vor dem Café.

Auferstehung

Von der Hochheide, wo rauh noch
  Der Gebirgswind schneidet,
    Rinnt zaghaft der Wiesenbach.

Die Lenzschmelze speist,
  Den Boden wärmend,
    Sein Talwärtssprudeln.

Durchs Grasgeflecht bahnt
  Der Sonne Osterglanz
    Mäusen Lebensspuren.

Maimorgen

Der Maimorgen, taubenetzt,
  Webte im Flußtal
    Grasteppichbilder.

Sumpfdotterblumen an Ufern
  Und Wiesen, blütenreich,
    Aus denen die Lerche steigt.

Nun flicht er Binsenkörbe;
  Setzt auf dem Fluß
    Blumen und Vögel aus.

Naturschutz

Früher der alten Weiden
  Wurzelwerk, hundert Jahre
    Vom Bach umspült -

Die Weiden gefällt,
  Gedämmt der Bachlauf;
    Ein Vierteljahrhundert Gewerbegebiet.

Der Betondamm muß weg!
  Zum Jubiläum geplant
    Die Ufer-Renaturierung.

Auf der Suche nach dem verlorenen Wort

Warum soll "schreiben" weniger ernsthaft sein, wenn man von einem Brotberuf lebt? Eine Art feste Burg, die gesicherte Existenz. Ein Mensch, der sich der Realität stellt, mit ihr aber nichts anzustellen weiß, auch wenn er die Form wahrt. Es gibt Berufe, da muß man sich darstellen, denn sonst ist den Menschen nicht zu helfen. So, als lebe man mehrere Leben gleichzeitig. Wo ist der Übergang von Freundlichkeit zum Opportunismus? Zumal, wenn man in sich selbst die Unfähigkeit spürt, dazuzugehören.

So wird Schreiben eine andere Form der Entspannung. Ein Rollenspiel in immer neuen Masken. Eine seltsame Existenz. Wie ein Schmetterlingssammler, der seine Beute aufspießt, um sie in der Vitrine auszustellen. Ein Leben, das sich mit dem Nimbus des Alltäglichen umgibt ohne alltäglich zu sein. Aus bürgerlicher Sicht konstruktiv, aber gleichzeitig subversiv, als verfasse man ein Kassiber. Widerstand leisten, um dafür sein zu können.

Und doch am Rande der Gesellschaft lebend, wo die scheinbar gut geordneten Verhältnisse ihre Eindeutigkeit verlieren. Als sei man kurzsichtig und taste blinzelnd nach der verlegten Brille.

Schreiben, um das Denken zu befriedigen.

"Ich denke ...," wird täglich tausendfach behauptet. Ein Daherreden von Sätzen, ohne neue Antworten zu erwarten. Aber gerade darauf zu warten, kann eine Art Sehnsucht sein. Denn der Alltag lebt nur vom Ritual, vom Schablonenwort. Wollte man einen Gedanken völlig begreifen, dann mußte es zahllose untergeordnete Gedanken geben. Unentzifferbar wie die Rückseite eines Stickrahmens. Ein Durcheinander von Fäden und Knoten. Nur so konnten sie faszinieren, das Interesse wecken. Die ständige Frage nach dem: Warum?

Um gleichzeitig zu wissen, daß es keine absolute Wahrheit gibt. Aber auch gleichzeitig offen bleiben für das, was sich als Wahrheit geriert. Die Wahrheit hat einen Januskopf. Es gibt nur Wahrheiten, den Plural. Das "sowohl als auch." Oder den Wahrheitsgehalt einer Lüge. Wahr ist nicht nur das, was man sieht. Wahr ist auch das, was man nicht sieht, wenn es mit dem übereinstimmt, was man sagt. Der Mensch ist zur Freiheit verurteilt. Den Sinn des Daseins darin finden, durch Erfindungsreichtum eine Kultur herzustellen, die das

Leben leicht macht. Eine Künstlichkeit, um gleichzeitig die Welt, die auch ohne den Menschen auskommt, zu vergessen. Aber wie kann man etwas vergessen, was man ohnehin weiß? Durch Aggression, Krieg und Totschlag? Oder in ungebremstem Hedonismus? So wird skrupellose Raffgier und Krieg kein unbeabsichtigtes Zufallsprodukt der Kultur.

Warum also nicht nach Worten suchen, um das Vergessen zu ertragen? In einer Welt, in der es nicht mehr wichtig ist, was einer sagt. Wichtig ist nur, wie die Emotionen angesprochen werden. So, als komme die Wirklichkeit ohne Worte aus.

Warum also nicht die Welt aus ironischer Distanz betrachten? Auch wenn die Ironie ätzend ist wie Säure, so befreit sie von dem Gedanken dazugehören zu müssen. Kritik ist nicht nur ein literarisches Genre, sondern eine Art Lebenshaltung. Eine andere Form der Streitkultur. Das offene Austragen von Gegensätzen. Nicht der ständige Wunsch nach Harmonie ist zum Besten einer Gesellschaft.

Abend der Blauen Blume
(Abend des 2.Mai, Novalis Geburtstag)

Schon sank in die Dämm'rung die Maiennacht,
Als ich des Dichters Novalis gedacht,
Während durch Wiesen ein Flüßlein floß,
Das silbrige Lieder zu Tale ergoß.

Als ich in des Baches Dämmergeleit
Erbaulich mich hatte ergangen
Und war von des Abendtaus Nebelgewand
Und Lüften kühl-schaurig umfangen,

Da bannte feinsilbig der Silberlaut
Den Sinn mir, bald auch meine Schritte
Zwischen den schlafenden Blumen der Au
Um des Bachlaufes singende Mitte.

Am Ufer, wie lauschte gar wunderbar
In die Mainacht noch blau eine Blume!
So lauschen wohl Kinderaugen traut
Und harren der Märchen der Muhme.

Doch Märchen und Kinderaugen traut
Sind wohl Klischees; auch das Singen
Und Sänger, die blaue Blumen sehn,
Wie der Dichter des "Ofterdingen".

Vergangen und "out", wie der Maiennacht
Kühl-schaurige Schauder nicht minder!
"Fantasy"-Schaudern lauschen zur Nacht
Statt Mären und Schlafliedern Kinder.

Und in der umdunkelten Wiesenau
Am Ufer naht niemand zu lauschen,
Auch blüht die Blume schon nicht mehr blau
Und ergraut des Bachs silbriges Rauschen.

Bildbeschreibung:

-.-.-.-.-.-.-.-.-.-.-.-.-